大阪をぐるぐる走る
JR大阪環状線

大阪

京都

京都の市街地を
くまなく走る、
市営バス

東京と日光・鬼怒川
方面をつなぐ、東武
鉄道のスペーシア

日光

都心を網の目のよう
に結ぶ地下鉄

東京

鎌倉

海沿いを走る
江ノ島電鉄線

事前学習に役立つ

みんなの修学旅行

沖縄

監修：上原 靜
（沖縄国際大学教授）

小峰書店

目次

沖縄ってどんなところ?
- 沖縄の地理 …………………………………… 4
- 沖縄の文化 …………………………………… 5
- 沖縄の歴史 …………………………………… 6

- テーマ別に見る沖縄の旧跡① 琉球王国のおもかげをめぐろう！ ……………… 8
- テーマ別に見る沖縄の旧跡② 太平洋戦争、地上戦の爪あと ……………… 16
- テーマ別に見る沖縄の名所① 沖縄の自然・文化を体験！ ……………… 22
  - 自然編 ………… 24
  - 文化編 ………… 30

沖縄の行事を知ろう！ ……………………………… 34

- 沖縄のグルメ、お菓子 ……………… 36
- 沖縄の小物 ……………………… 40
- 沖縄マメじてん ………………… 41
- 名所さくいん …………………… 44

修学旅行の前に知っておきたい！ 文化財の基礎知識

文化財の種類
文化財とは、歴史的、芸術的に価値の高い建造物や美術品、遺跡、そして演劇や音楽などのことで、国が定める「文化財保護法」で守られています。ひと口に文化財といっても、種類はさまざま。ここでは、この本でよく登場する文化財について説明します。

※ここで紹介しているもののほかに、演劇や音楽、工芸技術などが指定される無形文化財（さらに価値の高い重要無形文化財をもつ人が「人間国宝」とよばれる）、長い歴史をもつ祭りなどが指定される民俗文化財などがある。

重要文化財
建築物や絵画、彫刻、工芸品などの美術工芸品のうち、重要なものが指定される。

国宝
重要文化財に指定されるもののうち、さらに価値が高く、重要なもの。

史跡
貝塚や古墳、歴史上の人物の旧宅など、歴史的に重要な場所が指定される。

特別史跡
史跡の中でも、とくに重要なもの。

名勝
庭園や橋など人工的につくられたもの、海浜や山など自然のもののうち、景観が美しく、重要なものが指定される。

特別名勝
名勝に指定されるもののうち、さらに価値が高く、重要なもの。

➡ 沖縄の世界遺産は、8ページで紹介

この本で紹介している名所の拝観できる時間、最寄りの駅やバス停の名称などは変更になる場合があります。必ず確認してからお出かけください。

この本に出てくるスポットをチェック!

この本で紹介している名所の一覧です。各地の読み方や見どころは、登場するページでチェックしてください。

沖縄ってどんなところ？

日本最南端の沖縄県は、19世紀まで琉球王国として、独自の歴史を刻みました。本土とアジア、そしてアメリカ……南国の自然の中でさまざまな文化がまざりあい、今の沖縄県がつくられてきたのです。

沖縄の地理

約160の島からなる、亜熱帯の島

沖縄県は、沖縄島を中心に、九州から台湾の間に連なるおよそ160の島々から成っています。

亜熱帯に位置していて、年間の平均気温は那覇市で23℃、1番寒い月でも約17℃ととても暖かく、ほかの都道府県にくらべてはっきりとした四季の変化はありません。海に囲まれていて、季節風や台風の影響を強く受けるため、雨が多く、年間降水量は2000mmをこえます。

亜熱帯の島ならではの地質や植物

亜熱帯の地域に育つ植物、ハイビスカスやヤシ、ガジュマルが多く見られます。降水量は月ごとにばらつきがあり、石灰岩やサンゴ礁からできた水はけのよい土地が多く、雨水を地中にためる山や森林が少ないため、水不足となりやすいのも特徴です。

©OCVB

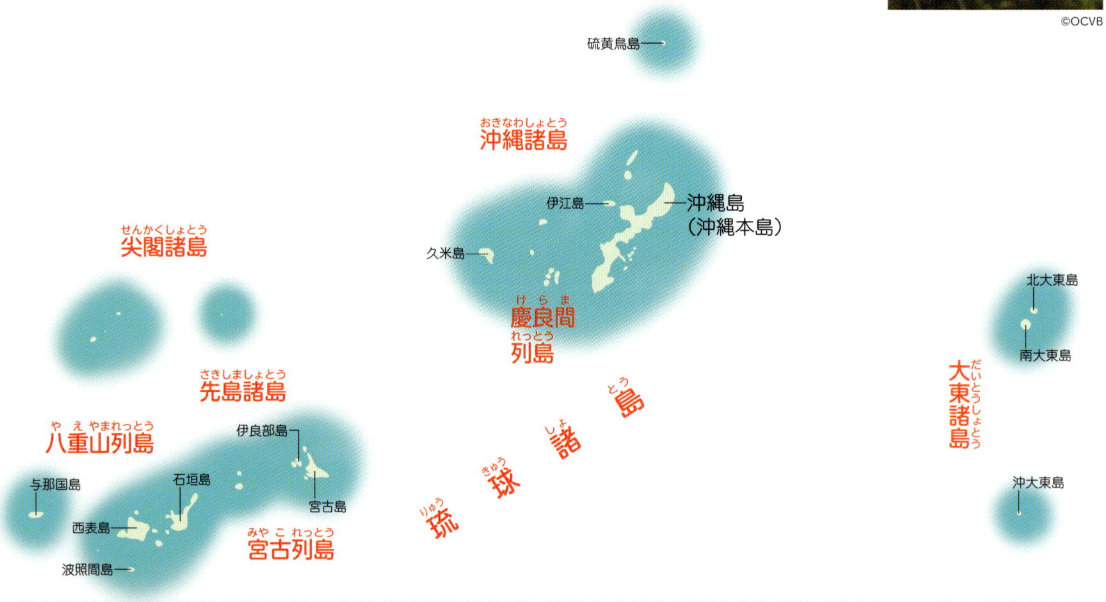

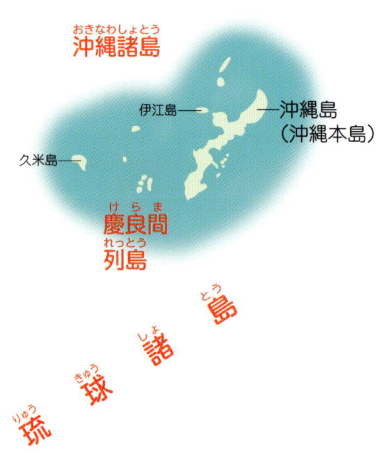

硫黄鳥島
沖縄諸島
伊江島
沖縄島（沖縄本島）
久米島
尖閣諸島
慶良間列島
先島諸島
八重山列島
伊良部島
石垣島
宮古島
与那国島
西表島
宮古列島
波照間島
琉球諸島
北大東島
南大東島
大東諸島
沖大東島

🔑 キーワード

【水不足対策】

水不足に悩まされることの多い沖縄では、断水に備えて、屋上に貯水タンクを設置した家が多く見られる。

【日本最西端の島】

石垣島から約127km、台湾から111kmに位置する沖縄県の与那国島は日本最西端の島。島内には日本で最後の夕日が見える丘もある。

沖縄の文化

アジア諸国の影響を受けた、沖縄独自の伝統工芸

　昔、沖縄が「琉球王国」という国だったころ、日本や中国、東南アジアとさかんに交易を行っていたため、沖縄では独自の伝統工芸が発展しました。
　現在、那覇市の壺屋でつくられている陶器「壺屋焼」もその1つ。どっしりと、重量感のある作風が特徴です。そのほか、14世紀に中国から製法が伝わったという「琉球漆器」や、琉球国王の保護のもと発展した「紅型」や「読谷山花織」などの染織物も沖縄を代表する伝統工芸品です。

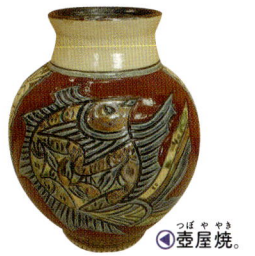
◀壺屋焼。

◀琉球漆器。

◀読谷山花織。

食は「命の薬」！ 沖縄の食文化

　沖縄の人は、食べ物のことを「ぬちぐすい」（命の薬）とよんで、食べることをとても大切にしています。沖縄の亜熱帯気候で育った作物を使い、中国やアメリカなどの影響を受けつつ独自に発展してきた食文化は、本土とはひと味ちがっています。「ゴーヤーチャンプルー」をはじめ、「ソーキそば」や、アメリカの影響を受けて生まれた「ポーク卵」も有名です。

▲ラフテー。豚の三枚肉を、沖縄名産の酒、泡盛などで煮た料理。

▲ミミガー（豚の耳の皮）をゆで、酢みそなどで食べる。

▲アーサという海藻を使った吸い物。

▲島豆腐。沖縄独自の製法で、大豆の味が濃く、歯ごたえがあるのが特徴。

🔑 キーワード

【沖縄料理と豚肉】
「ラフテー」や「ミミガー」をはじめ、沖縄には豚肉を使った料理が数多くある。昔、沖縄の民家には、必ずといってよいほど「フール」という豚小屋があり、豚肉は沖縄の人々にとって欠かせない栄養源だった。豚の耳、足、血、内臓なども食材として使うため「捨てるところがない」といわれるほどである。

◀沖縄で古くから栽培されている島野菜。写真は、最近では各地で出回っているゴーヤー（左）と島カボチャ（右）。

美しい自然や遺跡をいかした観光業がさかん！

　日本列島の南端に位置する沖縄県は、冬でも気温が10℃を下回ることが少ない常夏の島で、まわりにはエメラルドグリーンの海が広がり、色あざやかな魚も多いことから、海水浴やスキューバダイビングにたくさんの人が訪れます。また、17世紀に薩摩藩が琉球王国に攻め入るまで守り続けられた琉球王国の遺跡も、見ごたえたっぷりで、世界遺産となっています。

▲沖縄周辺の海では、美しいサンゴ礁が見られる。

沖縄の歴史

11世紀ごろまで「先史時代」が続いた沖縄

　本土では平安時代にあたる11世紀ごろまで、沖縄では「先史時代*」が続いたといわれます。その間は、おもに海の魚や貝などをとって食べ、生活を営んでいたようです。

　沖縄の先史時代（新石器時代）は、大きく前期と後期に分けられます。前期は「縄文時代」、後期は「弥生〜平安並行時代」です。先史文化の起源は本土の縄文文化にありましたが、その後、しだいに沖縄の地理的・地域的な特性をいかしながら本土からはなれ、独自の文化を形成していきました。

▲うるま市伊計島にある仲原遺跡。沖縄の縄文時代後期の村落跡が残る。竪穴住居が再現されている。

各地に砦が築かれた「グスク時代」をへて「琉球王国」が誕生！

　12世紀になると、集落の中で力をつけた人物が「按司（豪族）」となり、「グスク（城）」とよばれる拠点を構えるようになりました。人々もグスクの近くに定住して農耕をはじめるようになったといわれています。定住して力をたくわえはじめた各地の按司は、互いに勢力争いをくり広げました（グスク時代）。

　そんななか、1429年、ついに尚巴志（10ページ）が沖縄本島を統一して、「琉球王国」が誕生しました。

▲中山王が築いた浦添城跡（浦添市）。©OCVB

新政権によって、第二の「琉球王国」が成立

　琉球王国は、地方で豪族による反乱が続いたことなどから、70年足らずで分裂してしまいました。7代王の尚徳が亡くなると、1470年、重臣だった金丸が跡をついで王となりました。金丸は、各地の豪族を首里に集めて自ら尚円と名乗り、中央集権国家として琉球王国を立て直しました。これが「第二代の琉球王国」です。第二代の琉球王国は、第3代国王・尚真のときに最盛期をむかえ、19世紀まで続くことになります。

▲琉球王国の政治の中心地だった首里城（10ページ）。

江戸時代、薩摩藩の「琉球支配」が開始

　琉球王国は長い間、中国の皇帝へ貢ぎ物をする「進貢貿易」を続けていました。しかし、17世紀のはじめ、薩摩藩（今の鹿児島県）の軍勢が本土から沖縄諸島に攻め入ります。琉球王国は抵抗しましたが敗れ、薩摩藩による「琉球支配」がはじまりました。その後も、中国との貿易は続けられましたが、外交や経済、軍事的な権利は薩摩藩に管理され、しだいに琉球王国は自立することができなくなりました。薩摩藩と中国に二重に支配されている状態になっていったのです。

> **キーワード**
>
> 【進貢貿易】
> 琉球王国は、中国の皇帝に貢ぎ物を送り、そのお返しとして中国の名産品が琉球王国にもたらされていた。これを「進貢貿易」という。13世紀〜14世紀の「三山時代」（9ページ）にはじまり、進貢貿易によって琉球王国の経済はうるおった。

*先史時代とは、文献記録がない時代のこと。考古学での歴史区分の1つ。

明治時代に入り「沖縄県」に

19世紀後半、本土で明治維新が起こると、廃藩置県が行われて、琉球王国は鹿児島県の一部とされました。

琉球王国は国として存続することを認められず、中国・清王朝との関係を断ち切るように求められました。琉球王国は数年にわたって抵抗しましたが、1879年、明治新政府が軍事力を背景に首里城を開城させて琉球王国を滅ぼし、新しく沖縄県を置きました。この一連のできごとを「琉球処分」といいます。

悲惨な沖縄戦をへて、アメリカの統治下に

太平洋戦争中の1945年3月、アメリカ軍が沖縄に上陸し、日本軍と激しい地上戦をくり広げました。しかしアメリカ軍と日本軍の間には大きな戦力差があり、戦いは一方的で悲惨なものになりました。この地上戦により、沖縄では老若男女を問わず、多くの犠牲者が出ました。

アメリカ軍が日本本土への上陸をさらに進める前に、日本はポツダム宣言を受諾し、終戦となりました。しかし、沖縄はそのままアメリカに直接支配されることになったのです。

◀1945～1972年までの27年間、アメリカによって統治されていた沖縄。写真は、設立当初の琉球庁舎。沖縄では、この時期のことを「アメリカ世」とよぶ。

画像提供:沖縄公文書館

1972年、日本へ復帰する

終戦後、沖縄島の27%にあたる土地がアメリカ軍の基地として利用され、沖縄の人々は権利を制限された生活を送っていました。そんななかで日本への復帰運動が盛り上がり、1972年、ついに沖縄県として日本に復帰します。しかし、沖縄はアメリカと日本の同盟関係の上で重要な軍事的な拠点とされ、基地の多くはそのまま残され、現在にいたっています。

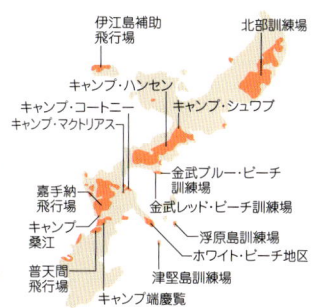

▶沖縄島のアメリカ軍基地の地図。赤い部分がアメリカ軍基地。

沖縄かんたん年表

本土	沖縄	年	できごと
飛鳥時代	先史時代前期(縄文時代)	605年	中国の歴史書に「琉球」の記述が現れる
奈良時代	宮古・八重山先史時代 / 先史時代後期(弥生～平安並行時代)		
平安時代	グスク時代	12世紀ごろ	のちに勝連城となる生活拠点が築かれる
		1187年	舜天が中山王として即位する
鎌倉時代		13世紀ごろ	今帰仁城が築かれる
	三山時代	14世紀ごろ	首里城や、中城城が築かれる
室町時代		15世紀はじめ	座喜味城が築かれる
	第一尚氏王統	1429年	尚巴志が沖縄本島を統一し、琉球王国が成立
	琉球王国時代	1470年	金丸が尚円を名乗り、第二代の琉球王国が成立
安土桃山時代	第二尚氏王統	1501年	玉陵が築かれる
		1519年	園比屋武御嶽石門が築かれる
江戸時代		1605年	野國總管が中国からサツマイモを持ち帰る
		1609年	薩摩藩の侵攻を受け、「琉球支配」がはじまる
		1623年	儀間真常がサトウキビから砂糖の製造に成功
		1799年	識名園が築かれる
明治時代		1871年	廃藩置県によって、鹿児島県の一部とされる
		1879年	琉球王国が滅び、沖縄県となる
大正時代			
昭和時代		1945年	太平洋戦争での敗戦によって、アメリカから直接支配される
		1972年	日本に復帰する
平成時代		1995年	太平洋戦争終結50周年を記念し「平和の礎」が建つ

テーマ別に見る沖縄の旧跡①
琉球王国のおもかげをめぐろう！

約600年前に成立し、約450年間続いた琉球王国。そのおもかげを残す多くの史跡は、2000年に「琉球王国のグスク及び関連遺産群」として世界遺産に登録されている。琉球王国がたどってきた足跡をめぐってみよう。

波上宮

「なんみんさん」とよばれている。隆起したサンゴ礁の上に建てられている社殿が特徴的。イザナミノミコトなど、日本古来の神々が祀られている。

> もっと知りたい！
> 沖縄のヒミツ！

グスク時代をへて、「琉球王国」が誕生！

12世紀ごろになると、按司とよばれる有力者たちが各地に出てきた。按司たちは自らの拠点として、「グスク」とよばれる城を築き、あたり一帯を支配した。

年表

グスク時代

- **12世紀～15世紀**
各地に有力な按司が現れる。海外と貿易し、強固なグスクを築き、各地を支配していった。農業がさかんになり、人口も増加していった

- **13世紀～14世紀**（三山時代）
按司同士の抗争の結果、北山、中山、南山という3つの按司が勢力をわけあう「三山時代」となる

琉球王国時代

- **1429年**（第一尚氏王統）
尚巴志が三山を統一。琉球王国が成立

- **1458年**
「護佐丸・阿麻和利の乱」が起きる
（14・15ページ）

- **1470年**
財政・外交に長けていた金丸が国王となり、尚円を名乗る。これが「第二尚氏」の琉球王国のはじまり

- **1477年**
尚真が王位に就く。中央集権国家を築き上げる

- **1500年**（第二尚氏王統）
石垣島の首長オヤケアカハチとの戦いを尚真が制し、琉球王国が奄美大島から八重山列島までを支配する

- **1609年**
薩摩藩・島津家久が琉球王国に侵攻し、制圧する

- **1844年**
フランスの軍艦が漂着。貿易とキリスト教の布教を求める

- **1854年**
ペリーが日米和親条約を結ぶとともに、琉米修好条約が結ばされる

- **1879年**
琉球王国が滅び、沖縄県が成立

世界遺産に登録された「グスク」って何？

「グスク」とは、按司の住む城のことです。北は奄美群島から南は八重山列島まで、小高い丘や山の上などに数多く築かれ、16世紀までに約300のグスクが形成されました。グスクは、時代や築城した人物によって石垣の積み方がちがい、いずれも、世界的にみても高い技術で組まれています。また、グスクの中には必ず聖域があり、神々を降臨させるほこらの役割も果たしていたと考えられています。

三山時代以降、中国との関係が深まった

14世紀、文明が進んでいた中国は大きな力をもち、朝鮮や日本など、近隣の国に貢ぎ物を差し出すよう求める「朝貢」という貿易の形をつくりました。「三山」の王たちも中国との朝貢関係を築き、その関係は、やがて琉球王国が成立してからも続きました。琉球国王は、貢ぎ物の見返りに、中国の皇帝から国王として承認される「冊封」を受けました。その際は中国から「冊封使（42ページ）」という使者がつかわされました。

また、世界遺産の中城城、座喜味城、北山王の居城だった今帰仁城が強い力をもったのはこのころです。

「冊封使行列図」。

政治の中心、祈りの中心「首里城」

沖縄県の代表的なグスクが、後に琉球王国の中心にもなった「首里城」です。琉球王国を建国した尚巴志の手によって沖縄全島の中心として栄え、ここで国王が政治を行いました。また「聞得大君」などの神官（13ページ）が神々に祈る、神宮の中心地でもありました。首里城は太平洋戦争で荒れ果ててしまいましたが、その後は修復され、現在では沖縄県を代表する観光名所となっています。

首里城跡　史跡

1429年に尚巴志によって成立した琉球王国は、1879年に崩壊するまで、約450年間、沖縄を支配した。首里城は、国王の住まいであると同時に、政治の中心地だった。写真の建物は1992（平成4）年に復元されたもの。2019（令和1）年、火災で正殿をはじめとする9棟の建物が焼失。もう一度もとのすがたにもどそうと、復元作業が進められている。

正殿

中央の道は「浮道」という。

龍は国王の象徴。重要な場所である正殿には、龍をかたどった装飾が多い。

正殿の前に広がるのは「御庭」。赤いしまもようは「磚」という敷き瓦でできている。儀式が御庭で行われるとき、役人たちが位ごとにならぶための目印だったといわれる。

建物の朱色は漆ぬり。

創建　14世紀ごろ。1945年に全壊、1989年より復元工事

見学できる時間
[無料区域（歓会門、木曳門、久慶門、継世門）]
8:30〜18:00
[有料区域（奉神門・世誇殿・東のアザナ）]
9:00〜17:30　※入場券の販売は17:00まで

見学時間の目安　1時間20分
最寄りのバス停、駅　首里城公園入口（那覇バス）、首里城前（沖縄バス）など、首里駅（ゆいレール）

人物

尚巴志（1372〜1439年）
21歳のときに按司の位をつぎ、中山王の武寧を滅ぼして自らの父を中山王とした。その後、沖縄を統一し、父の死後、琉球王国の2代国王となった。即位した後は、内政に力を発揮し、また中国の王朝との貿易も整備したといわれる。

尚円（1415〜1476年）
「第二代の琉球王国」を開いた人物。もとは金丸という名の農夫だったが、力をつけ、琉球王国の重臣となった。金丸は、尚家を継承する形で新王朝を開き、「尚円」と名乗った。

正殿は、国王が自ら政治や儀式を行う場が設けられている場所

　首里城の正殿は3階建てで、1階には、琉球国王が政治を行った御庭とよばれる広場に面した「下庫理」があります。2階には、神々への祈りに使う一室「大庫理」があり、3階は建物を維持するために風を通す役割をしていました。

2階の大庫理。中央には王が座る「御差床」がある。

首里城の全景

※2019年の火災では、下の写真の「行政空間」内にある建物の多くが焼失。復元作業が進められています。

首里城の敷地は、役割によって大きく3つに分けられる。1つ目は正殿を中心に、政治や外交の場となった行政空間、2つ目は神聖な場所とされた祭祀空間、そして3つ目は国王とその家族が住む住居空間の「御内原」。

南殿・番所

南殿は、おもに薩摩藩の役人をもてなした場所。番所は城にやって来た人の受付を行う場所だった。

守礼門

中国風の牌楼という形式の美しい門。「守礼」とは、「礼節を重んじる」という意味。

北殿

重要なことを話し合う、政治の中枢機関であり、中国からやって来た使者をもてなす場所でもあった。

見どころウォッチング　沖縄のグスクの特徴は、沖縄に特有の石灰岩を用いた、高い石積み技術だ。また、城内には、首里城が聖域として重要であったことを感じさせる場所もある。

首里森御嶽

首里城内に10か所あった聖域の1つ！

首里城の中に首里森御嶽がつくられたのではなく、首里森御嶽があった場所に首里城が建てられたともいわれている。首里城内一帯が聖域とされていたが、その中でも神聖な10か所の拝所「十嶽」がある。首里森御嶽は10番目の拝所で、1997（平成9）年に復元された。

メモ　御嶽とは、人々の信仰を集める聖なる森のこと。御嶽の中には、祈りを捧げる場として拝所が設けられた。琉球には、国が築いた大規模なものから、村の集落のものまで、多くの御嶽がみられた。村の御嶽では、のろ（42ページ）という女性神職者が祈りをささげた。

城壁

波打った壁が、どこまでも続く！

隅頭石

城壁は、「琉球石灰岩」を素材としており、角が丸く、波打つような形をしている。また、城壁の最上段には「隅頭石」という石が置かれているところが特徴。こうした城壁の形は、中国や朝鮮半島にもみられ、海外から土木技術が伝わった証ではないかと考えられている。

画像提供：首里城公園

園比屋武御嶽石門　重要文化財

人が通る門ではなく、神への礼拝の門！

琉球王が各地をめぐるときに、安全を祈願したとされる拝所。国王と同じくらい重要な、聞得大君の位につく女性も、必ずここで参拝をしてから斎場御嶽に向かう決まりとなっていた。

創建　1519年

見学時間の目安　5分

最寄りのバス停、駅　首里城公園入口（那覇バス）、首里城前（沖縄バス）、首里駅（ゆいレール）など

1519年に尚真王の命を受け、竹富島から連れてこられた西塘という人物が建造したといわれている。

©OCVB

玉陵　国宝　史跡

第二尚氏の歴代の王とその家族がねむる、広大な墓。建てられた当時の首里城そっくりにつくられている。

創建　1501年

見学できる時間　9:00〜18:00

見学時間の目安　30分

最寄りのバス停、駅　首里城公園入口（那覇バス）、首里城前（沖縄バス）、首里駅（ゆいレール）など

玉陵は、自然の岩山をけずってつくられた。2442㎡の広さをほこる。

玉陵碑

「玉陵にほうむられる者は第二尚家の血筋を引く者でなくてはならず、それ以外は王と認めない、背く者があれば天に仰ぎ地に伏して祟りあるべし」という内容の碑文が刻まれた石碑。尚円王の妻、宇喜也嘉によるものだという。

中は大きく分けて3つの部屋からなる。国王とその家族のなきがらは棺に入れられると数年間は第一の部屋である「中室」で安置された。遺骨を洗ったあと、国王と王妃は東側にある「東室」に、それ以外の皇族は西側にある「西室」に葬られた。

©OCVB

識名園 _{特別名勝}

琉球王国の王家の別荘。18世紀の終わりに、中国からの使節をもてなすためにつくられた。庭園は、池のまわりを歩き、景色を楽しむつくりの「回遊式庭園」。また、池の形が、「心」の文字をくずした形となっている。

中国と日本庭園の様式を取り入れた、琉球王国ならではの庭園！

御殿／六角堂／石橋

識名園には「心字池」という池をまたぐ形で3つの石橋がつくられているが、どれも中国の影響を強く受けている。しかし、庭園の形式自体は日本風の回遊式庭園であり、日本の影響も受けている。

©OCVB

創建 1799年

見学できる時間 9:00～18:00（4月～9月）
　　　　　　　 9:00～17:30（10月～3月）
　　　　　　　 ※受付は閉園の30分前まで

見学時間の目安 30分
最寄りのバス停 識名園前（那覇バス）など

斎場御嶽 _{史跡}

琉球の国づくりの神・アマミキヨによってつくられたとされる7つの御嶽の中でも「斎場御嶽」は第一の御嶽。もっとも位の高い女性神官「聞得大君」の就任式がとり行われる場所だった。昔は琉球王国の王以外の男子が足をふみ入れることはできなかった。斎場御嶽の奥からは、アマミキヨが降臨してはじめてつくったとされる島・久高島を望むことができる。

メモ
琉球王国の女性神官の中で一番位が高い者のことを「聞得大君」といい、その位は国王とならぶものとされていた。聞得大君の位につくときには、必ず琉球第一の聖地・斎場御嶽で即位の儀式がとり行われた。

見学できる時間 9:00～18:00（3月～10月）
　　　　　　　 9:00～17:30（11月～2月）
　　　　　　　 ※受付は閉館の30分前まで

見学時間の目安 40分～1時間
最寄りのバス停 斎場御嶽入口（東陽バス）

©OCVB

三庫理
斎場御嶽の一番奥、2つの巨石の間を通りぬけたところに「三庫理」という小さな空き地がある。

13

今帰仁城跡 史跡

今帰仁城は、三山時代には北山王の本拠地で、沖縄本島北部・今帰仁村にあるグスクだ。地形にあわせて石垣が美しい曲線を描き、何層も張りめぐらされいる。周辺には数々の出城もつくられ、守りの固い名城として知られていた。江戸時代以降になると、城ではなくなり、火の神の祠がつくられ、沖縄中から参拝者がおとずれたという。

創建	13世紀ごろ
見学できる時間	8:00～18:00（1～4、9～12月） 8:00～19:00（5～8月）
見学時間の目安	40分
最寄りのバス停	今帰仁城跡入口（琉球バス交通、沖縄バス）

三山の1つ、北山の王が住んでいたグスク！

今帰仁城跡では、1月～2月にかけて「桜まつり」が開かれ、桜の名所としても有名。沖縄の桜は寒緋桜という種類で、沖縄の暖かい気候にあわせていち早く咲く。1月～2月ごろに、満開になる。
©OCVB

メモ
按司たちの勢力争いをへて、沖縄本島は大きく「北山」「中山」「南山」の3つに分かれることになった。北山王は今帰仁城を拠点として勢力を広げたが、1416年、最後の北山王・攀安知のときに尚巴志によって攻め滅ぼされた。

座喜味城跡 史跡

15世紀前半、尚巴志の片腕として活躍した護佐丸のグスク。北山を攻略すると、尚巴志から領土として読谷山をあたえられ、座喜味城を築いた。その後護佐丸が近くに中城城をつくり、うつったため廃城されることになった。太平洋戦争では日本軍、戦後はアメリカ軍に軍事利用され、破壊されてしまう。その後、復元工事が行われた。

創建	15世紀はじめ
見学時間の目安	30分
最寄りのバス停	座喜味（琉球バス交通、沖縄バス）

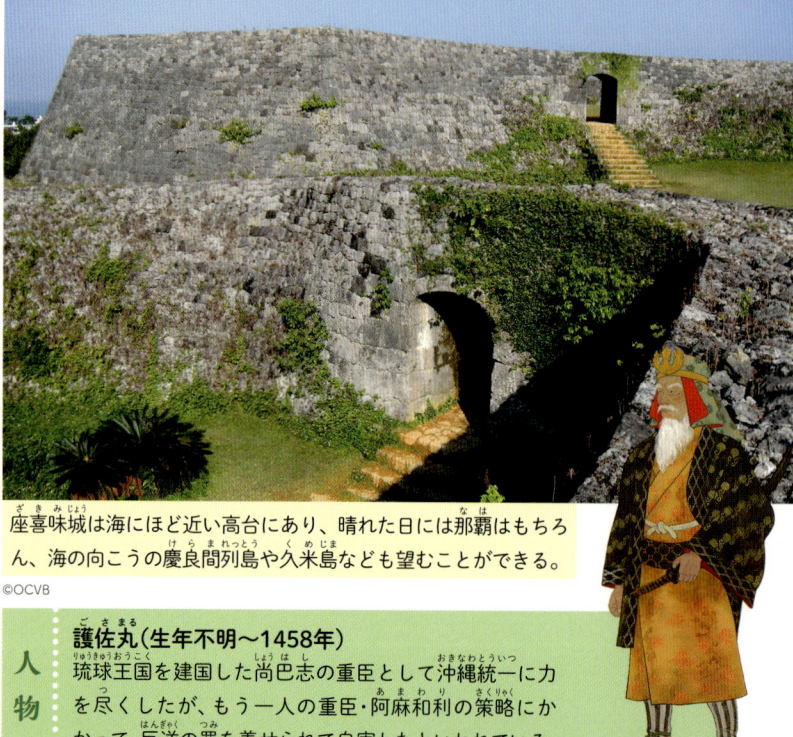

沖縄で高い人気をほこる按司、護佐丸がつくったグスク！

座喜味城は海にほど近い高台にあり、晴れた日には那覇はもちろん、海の向こうの慶良間列島や久米島なども望むことができる。
©OCVB

人物　護佐丸（生年不明～1458年）
琉球王国を建国した尚巴志の重臣として沖縄統一に力を尽くしたが、もう一人の重臣・阿麻和利の策略にかかって、反逆の罪を着せられて自害したといわれている。

イラスト出典：「絵で解る琉球王国 歴史と人物（発行：株式会社JCC）」

勝連城跡 史跡

勝連城は、およそ10代にわたってこの地を治める按司の居城だった。中でも10代目按司・阿麻和利は、同じ時代に生きた名将・護佐丸とともに英雄として知られたが、「護佐丸・阿麻和利の乱」で琉球王国軍の攻撃を受け、滅ぼされ亡くなった。

創建	13世紀ごろ
見学時間の目安	30分
最寄りのバス停	勝連城跡前、西原(沖縄バス)

首里に負けないほど栄えた！有力按司、阿麻和利が住んだグスク

阿麻和利は中国大陸、日本本土や奄美群島などと貿易関係を結び、莫大な富を築いた。勝連城跡からも、中国の陶磁器や本土の武具などのめずらしい品がたくさん出土している。©OCVB

人物　阿麻和利（生年不明〜1458年）
9代按司・茂知附を討って10代目の按司となり、琉球王国の王・尚泰久(尚巴志の子)の娘婿となる。護佐丸と比べ、主君に背いた者として語られることが多い。

中城城跡 史跡

15世紀中ごろ、護佐丸は琉球王の命令を受け、阿麻和利を牽制するため、中城城を大規模に増築し、座喜味城からうつり住んだ。阿麻和利の策略で護佐丸がほろぼされてからは、琉球王国の王族などが派遣されて、支配したのではないかといわれている。

創建	14世紀中ごろ
見学できる時間	8:30〜16:30(10月〜4月)　8:30〜18:00(5月〜9月)
見学時間の目安	1時間30分

護佐丸と阿麻和利の戦いから生まれた石積みの美しい要塞

中城城では、石垣の積み方に、3種類の技法が確認できる。複数の技法が見られるのは、何度も増築されたためと考えられる。

アーチ型の門

グスクのアーチ型の門には、高い石積みの技術が結集されている。中城城の門も、その例の1つ。

世界遺産が舞台！？　戦いをくり広げた護佐丸と阿麻和利

勝連城を拠点として勢力を広げていた按司の阿麻和利は、琉球王国の支配にしたがってはいたものの、中城城を拠点としていた琉球王国の重臣・護佐丸に警戒され、見張られていました。しかし阿麻和利は逆に護佐丸と王家を仲たがいさせることに成功します。そして、琉球王の命令を受けて、護佐丸を攻め、自害に追いこみました。ところが、阿麻和利はそのまま反乱を起こして首里城まで攻め上がろうとします。しかし琉球王国の軍に敗れ、最後はにげこんだ読谷山(今の読谷村)でつかまり、殺害されました。これを護佐丸・阿麻和利の乱といいます。

テーマ別に見る沖縄の旧跡②

太平洋戦争、地上戦の爪あと

沖縄は太平洋戦争末期にアメリカ軍が上陸し、地上戦が行われた地です。民間人を巻きこんで激しい戦いがおよそ３か月にわたってくり広げられ、日本軍と地元住民をあわせておよそ20万人あまりが命を落としました。その爪あとは今も残っています。

沖縄県の8％を占めるアメリカ軍基地

1972（昭和47）年の沖縄返還後もアメリカ軍は沖縄にとどまっています。今でも沖縄県の面積のうち、およそ8％がアメリカ軍の基地です。日本にあるアメリカ軍基地の70％が沖縄県に集中しています。

軍用ヘリコプターの市内への落下事故、アメリカ兵による市民への暴行など、さまざまな問題が起きています。

うるま市立 石川歴史民俗資料館

うるま市石川（旧石川市）は、戦後の沖縄本島ではじめての行政機関「沖縄諮詢会」や、難民の収容所が設置され、戦中・戦後の沖縄の政治や経済の中心地だった場所だ。石川歴史民俗資料館では、そんな旧石川市の歴史や文化を学ぶことができる。

旧海軍司令部壕
→くわしくは20ページ

糸数アブチラガマ
→くわしくは21ページ

ひめゆりの塔
→くわしくは21ページ

沖縄戦跡国定公園

沖縄戦で日米両軍による激戦地となった場所と、周辺の海域を含む区域が国定公園として指定されている。戦跡が国定公園となっているのは日本でここだけだ。この戦跡の保護と、11kmにおよぶ海食崖＊の景観を守ることを目的としてつくられた。

平和の塔

太平洋戦争末期、アメリカ軍によって喜屋武岬に追いつめられた人々は、次々に海に身を投げたという。戦後、遺骨1万柱を集め、「平和の塔」がつくられた。

平和祈念公園・平和祈念資料館
→くわしくは18ページ

＊海食崖とは、潮の流れや波によって海底が少しずつ削りとられてできた、海岸の崖のこと。

> もっと知りたい！
> 沖縄のヒミツ！

太平洋戦争の地上戦の舞台となった沖縄

1945年3月26日にアメリカ軍が慶良間列島に上陸すると、それからおよそ3か月の間、沖縄では激戦がくり広げられた。そして多くの人が犠牲となった。

明治時代
- 1872年
明治政府により琉球藩とされる
- 1879年
琉球藩が廃止され、沖縄県となる。ここで琉球王国が終わる

大正時代

昭和時代
- 1941年12月8日
太平洋戦争が始まる
- 1944年10月10日
アメリカ軍が無差別空爆を行う。那覇市の90％が焼失
- 1945年3月26日
アメリカ軍が慶良間列島へ上陸
- 1945年4月1日
アメリカ軍が沖縄本島へ上陸
- 1945年6月23日
日本軍の組織的抵抗が終了
- 1945年8月15日
天皇の玉音放送で日本の敗戦が国民に伝えられる
- 1945年9月7日
沖縄の日本軍が正式に降伏
- 1952年4月1日
アメリカが琉球政府を設立
- 1971年6月17日
日本とアメリカが沖縄返還協定を結ぶ
- 1972年5月15日
沖縄が日本に復帰

▲沖縄での戦闘後、難民として収容所へ送られる住民たち。

1945年3月26日、アメリカ軍が慶良間列島へ上陸

　激しい戦いの末、1945年3月に硫黄島を占領したアメリカ軍は、次の攻撃目標を沖縄に決めて、3月23日にはいち早く沖縄本島への空爆を始めました。さらに、沖縄に上陸して攻撃するために、まず沖縄本島のすぐ西にある慶良間列島に3月26日上陸しました。アメリカ軍が慶良間列島を占領したことで、沖縄本島への上陸作戦も秒読み段階に入ったのです。

◀上陸時、慶良間列島沖に現れたアメリカ軍艦。

1945年4月1日、アメリカ軍がついに沖縄本島へ上陸

　4月1日、アメリカ軍は沖縄本島中部の西海岸に上陸しました。日本軍は主力を南の首里に集めていたため、アメリカ軍はほとんど抵抗を受けずに上陸することができました。そのまま、アメリカ軍は沖縄本島を南北に分断して、北部に攻め入りながら、南部に軍の主力を進めました。圧倒的な戦力差で首里を攻略したアメリカ軍は、そのまま主力を首里から南に進め、日本軍を追いつめていき、沖縄上陸から3か月で日本軍は壊滅。7月2日、アメリカは沖縄戦の終結を宣言しました。

◀戦闘で住居も何もかもなくなり、焼け野原となった沖縄。

平和祈念公園

完成 1971年より本格的な整備がはじまった
最寄りのバス停 平和祈念堂入口（琉球バス交通）

沖縄戦最後の激戦地となった「摩文仁の丘」をふくむ広大な敷地内に、「平和祈念資料館」や戦没者の遺骨を納める「国立沖縄戦没者墓苑」、沖縄戦で亡くなった人々の名をきざんだ「平和の礎」などの施設がある。太平洋戦争の終戦後間もなく、整備が開始された。

摩文仁の丘

平和の丘

沖縄全戦没者追悼式が行われる広場に面して、彫像が建てられている。黒い御影石でつくられたアーチの中を奥に進むと天井から「平和の光」が差しこんでくるつくりとなっている。

沖縄戦、最後の戦いが行われた地

摩文仁の丘は、沖縄戦の最後の戦場となった場所です。1945年6月23日、この地まで追いつめられた日本軍の司令部はついに壊滅。沖縄でのアメリカ軍への組織的な抵抗は終了しました。壊滅にともなって集団自決などの悲劇的な事件が起こったため、6月23日を沖縄県では「慰霊の日」とよび、休日にしています。

平和の礎

平和祈念公園の中に「平和の礎」とよばれる石碑が建てられた。中央には「平和の広場」があり、アメリカ軍がはじめに上陸した慶良間列島の阿嘉島の火と、広島と長崎から分けられた火がともされている。

母国の文字で名前を表記

石碑には、日本人以外にも、アメリカ人、韓国人、イギリス人などの戦没者の名前があり、それぞれ亡くなった人が育った国の文字で名前が刻まれている。

国籍や民間人、軍人の区別なく、沖縄戦などで亡くなった人の名を刻んだ石碑

平和の礎に名前が刻まれる対象となった「戦没者」というのは、戦死したり自決したりした日本の軍人だけではありません。戦争に巻きこまれて命を失った一般の人に加え、さらには沖縄戦で亡くなった外国の兵士なども対象になっています（2021年時点で約24万名）。

©OCVB

国立沖縄戦没者墓苑

国立沖縄戦没者墓苑には、沖縄戦で犠牲となったおよそ18万人分の遺骨がおさめられている。納骨堂が「コ」の字のような形なのは、今の平和な世の中をつくるために亡くなっていった犠牲者たちの魂を包みこむためといわれている。

慰霊の日には、多くの遺族が訪れる

日本軍が壊滅した6月23日は、沖縄県が定める慰霊の日となっています。学校や会社が休みになるため、毎年多くの遺族が訪れ、花や菓子、酒などをお供えし、祈りをささげます。式典も行われます。

平和祈念資料館

平和祈念公園内には、沖縄戦の記憶を後世に伝えるために、平和祈念資料館がつくられている。1975年に設立された沖縄県立資料館を前身に、2000年に開館した。館内では戦争の実態と悲惨さを学ぶためのさまざまな展示が行われている。

完成	2000年
見学できる時間	9:00〜17:00 ※常設展示室への入室は16:30まで
見学時間の目安	1時間
最寄りのバス停	平和祈念堂入口(琉球バス交通)

資料館は、「平和の礎」と平和の火をかこむように建てられた。まるで、昔の沖縄の集落が「平和の礎」を見守っているように見える。

展示

常設展の第一室では、沖縄戦にいたる歴史や、戦争がなぜおこったのかについて展示されている。

第三室では、沖縄戦で激しい攻撃を受けた住民のようすを、写真や立体展示によって紹介している。地上のようすを表した「死の彷徨」と、地下(ガマ)でのようすを表した「ガマの惨劇」と、大きく分けて2つのテーマの展示となっている。

旧海軍司令部壕

沖縄戦の日本海軍の司令部があった壕で、1944年に掘られた。戦時中にはおよそ450mの長さの壕の中に、約4000人の兵士がいたといわれる。指揮官が自決のときに使った手榴弾の破片がめりこんだ司令官室など、戦争の生々しい爪あとを残している。すぐそばに、資料館がある。

完成 1944年

見学できる時間 9:00〜17:00
※受付は閉館の30分前まで

見学時間の目安 30分

最寄りのバス停 豊見城公園前(那覇バス、琉球バス交通)、宇栄原団地前(琉球バス交通)など

医療室

生存者の証言から、この場所に多くのけが人が集められていたことがわかっている。そのことから、この場所を「医療室」として紹介している。多くの兵員が集まっていた下士官兵員室は、日本軍の敗色が濃厚になると、逃げてきた兵士たちでいっぱいになり、立ったままで休んだり、ねむったりしなければならないほどだったという。

司令官室

沖縄戦の司令官のひとり大田實の部屋。大田は最後、沖縄県民の協力をたたえて「県民ニ対シ後世特別ノゴ高配ヲ賜ランコトヲ(沖縄県民を、ずっと先々も特別に大切にしてあげてください)」と本土に伝えた。

現在那覇空港がある場所に「小禄飛行場」という、日本海軍にとって重要な軍事拠点があった。海軍司令部壕は小禄飛行場に近く、まわりのようすを見わたすことのできる高台につくられた。

1944(昭和19)年に壕がつくられた当時、壕は全長450mあったという。現在復元されているのはそのうち300m。

©OCVB

ひめゆりの塔

太平洋戦争末期、沖縄師範学校女子部と沖縄県立第一高等女学校の女子学生らによって「ひめゆり学徒隊」が結成され、負傷兵などの看護にあたった。しかし、その多くは命を落としていった。「ひめゆりの塔」は、彼女らの失われた尊い命を記憶にとどめておくためにつくられた。

完成	1989年 ※資料館の開館
見学できる時間	9:00〜17:25 ※入館は17:00まで
見学時間の目安	30〜40分
最寄りのバス停	ひめゆりの塔前(琉球バス交通)

メモ
太平洋戦争末期には、全国で多くの学生部隊が結成され、戦場に送られた。沖縄では、女子学徒隊だけでも「ひめゆり学徒隊」のほかに8部隊が存在した。それら学生たちを祀った石塔には、「白梅の塔」、「健児の塔」などがある。

©OCVB

「ひめゆりの塔」は、沖縄戦の翌年の1946年に、生き残った住民の手で、犠牲となった200名あまりの霊をなぐさめるためにつくられた石塔である。「塔」といいながら、それほど大きくないのは、戦後すぐ、物資があまりない中で建てられたからだといわれている。

🌸 青春をとむらう
「ひめゆりの塔」には、ひめゆり平和祈念資料館が併設され、ひめゆり学徒隊がいた、南風原陸軍病院壕を再現した模型や、生存者の証言映像を見ることができます。美しく整えられた庭と、沖縄師範学校女子部と沖縄県立第一高等女学校に似せた建物が、少女たちの青春が突然戦争によって奪われたことを伝えています。

糸数アブチラガマ

糸数にあるアブチラガマという洞窟は、当初は防空壕として使用されていたが、戦況が激しくなるにつれ、600人以上の負傷者を収容する病院壕となっていった。1945年5月25日の糸数からの日本軍撤退後はアメリカ軍による攻撃にさらされた。壕内には火炎放射攻撃や、爆風の跡なども残っている。

完成	1944年 ※日本軍が整備をはじめた年
見学できる時間	9:00〜17:00 ※見学には事前の予約が必要
見学時間の目安	30〜40分
最寄りのバス停	糸数入口(琉球バス交通)

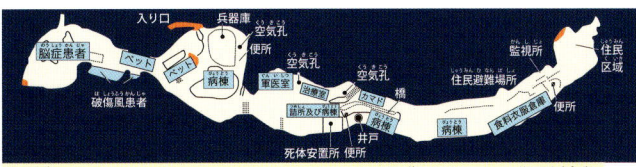

糸数アブチラガマ。全長270m、トイレ、井戸、かまど、発電装置があり生活ができた。病院壕だったため治療室、軍医室などの部屋もある。ほぼ全体を見学することができる。

🌸 戦争とガマ
沖縄の本島には「ガマ」と呼ばれる自然の洞窟がたくさんあります。沖縄戦のときには、これらが市民が逃げこむ防空壕や、日本軍の作戦拠点となりました。遠くからの砲撃や射撃には強いいっぽう、手榴弾を投げこまれると逃げることができず、多くの犠牲者が出る原因にもなりました。

「アブチラガマ」とは「縦に大きく落ちくぼんだ崖の洞穴」という意味。日本軍の糸数からの撤退が決まると、アブチラガマの中にいる重病人や負傷者は置きざりにされ、自殺用の薬をあたえられたといわれている。

テーマ別に見る沖縄の名所①

沖縄の自然・文化を体験！

沖縄には、本土とはちがった自然や文化がたくさんある。サンゴ礁の海、マングローブの森、美しい織物や工芸品……。おどろきと冒険がつまった沖縄で、新しい発見がきっとあるはず！

沖縄美ら海水族館
➡くわしくは24ページ

海洋博公園
1975（昭和50）年に行われた「沖縄国際海洋博覧会」を記念して、1976年に跡地につくられた国営公園。「歴史・文化」、「海」、「花・緑」と、3つのエリアに分かれている。

真栄田岬

沖縄海岸国定公園の中にある、真栄田岬は、シュノーケリング体験や、イルカが見られる場所として知られる。また、「青の洞窟」は、美しい色の海やめずらしい生き物が見られる名所として知られる。

琉球村
➡くわしくは32ページ

やちむんの里

読谷は、沖縄を代表するやちむん（陶器・焼き物）の村。「やちむんの里」では、数多くのやちむんに触れることができる。

中村家住宅
➡くわしくは30ページ

那覇市立壺屋焼物博物館
那覇市内には、壺屋焼の名前の由来となった「壺屋」という地域がある。壺屋にある那覇市立壺屋焼物博物館は、伝統工芸から、現代の若い作家の展示まで、沖縄の焼き物のすべてがわかる。

琉球ガラス村
➡くわしくは33ページ

大度海岸（ジョン万ビーチ）
➡くわしくは25ページ

22

もとぶ元気村

イルカと遊べるプログラムやマリンスポーツが楽しめるほか、「陶芸」や「カンカラ三線づくり」、「サンゴ風鈴づくり」、「紅型づくり」など、さまざまな沖縄のものづくりを体験することができる。

おきなわ郷土村
➡ くわしくは31ページ

大石林山

沖縄の最北端にある大石林山は、琉球王国の歴史書『中山世鑑』にも残る沖縄でもっとも古い聖地。現在も40か所をこえる「御願所（拝所）」が存在する。その名の通り、林のように立ちならぶさまざまな岩と、その中で暮らす独特な小動物たちに出会える。

やんばる学びの森
➡ くわしくは28ページ

東村ふれあいヒルギ公園
➡ くわしくは27ページ

おきなわワールド

沖縄の文化をまるごと味わうことができる、おきなわワールド。ハブのショーが見られる「ハブ博物公園」、沖縄を代表する鍾乳洞「玉泉洞」など、沖縄の見どころを思いきり味わうことができる。

ハブ博物公園
➡ くわしくは28ページ

玉泉洞
➡ くわしくは26ページ

23

テーマ別に見る沖縄の名所①
沖縄の自然・文化を体験しよう　自然編

沖縄美ら海水族館

沖縄の美しい海（美ら海）にすむさまざまな生き物たちが見られる水族館。美しいサンゴ礁や、巨大な水槽でゆったりと泳ぐ生き物を、じっくり観察しよう。なぞにつつまれた沖縄の深海をテーマにした水槽も見どころの1つ。

黒潮の海

沖縄の近くを流れる暖流・黒潮（日本海流）。速いところでは秒速2m以上もの速さで流れているという。そんな黒潮でくらすジンベエザメやイルカなどがダイナミックに泳いでいるのが、大水槽「黒潮の海」だ。

同じ水槽には「ナンヨウマンタ」という大きなエイもいる。ナンヨウマンタの飼育や繁殖に成功したのは世界初。

世界ではじめて、複数のジンベエザメの飼育に成功した。一番大きなジンベエザメには「ジンタ」という名前がつけられている。えさやりのときには、立ち泳ぎの姿勢で食べるダイナミックなようすがみられる。

熱帯魚の海

沖縄の海にはサンゴ礁が広がっている。「熱帯魚の海」は、サンゴ礁域を再現した水槽だ。カクレクマノミやネズミフグ、イロブダイなどの熱帯魚がみられる。

たくさんの「世界初」に挑戦する水族館！

　水族館は、海の生き物を展示するだけでなく、生き物の特徴などを研究する場でもあります。沖縄美ら海水族館でも、研究が行われており、その成果は海の生き物の生態解明などに役立てられています。
　沖縄美ら海水族館の人気者であるジンベエザメの「ジンタ」は、今年で飼育年数27年目（2022年3月現在）。これほど長い年月、ジンベエザメを飼育するのに成功している例は、世界で沖縄美ら海水族館がはじめてです。

```
開館　2002年
開館時間　通常期　8:30〜18:30
　　　　　繁忙期*　8:30〜20:00
　　　　　※受付は閉館の1時間前まで
見学時間の目安　2時間
最寄りのバス停　記念公園前（琉球バス交通、沖縄バスなど）
```

＊繁忙期＝ゴールデンウィーク、夏休み、年末年始の期間。

大度海岸
（ジョン万ビーチ）

糸満市の大度海岸は、満潮時はシュノーケリングやスキューバダイビングを、干潮時は水辺にすむ生き物を観察できるビーチ。江戸時代末期、アメリカにわたったジョン万次郎が、日本に帰国するときにこの海岸へ上陸したことから「ジョン万ビーチ」ともよばれる。

美しく、豊かな自然とふれ合える海岸！

人物 ジョン万次郎（1827〜1898年）

土佐（現在の高知県）の漁師の子に生まれる。14歳のとき、乗っていた漁船が嵐にあい、仲間とともに漂流。アメリカの捕鯨船に救助された。4人の仲間はハワイで船を降りたが、万次郎は、アメリカにわたって大学を卒業。その後、金鉱で得た資金をもとに、日本へ帰国した。当時の日本は、外国船の入港に厳しい制限を設けていたため、万次郎は琉球の海岸に上陸した。

大度海岸は、あまり人の手が加えられておらず、自然のままに近い姿を保っている。そのため、海中には美しいサンゴや、熱帯魚などの生き物がたくさんいる。海岸では、年に何度かウミガメの産卵も確認されている。

「海中散歩」を楽しもう！

沖縄には、シュノーケリングやスキューバダイビングで美しい海中の自然を楽しむことのできる海岸がたくさんあります。

シュノーケリングは、空気を取りこむ管のついたマスクをつけて、浅い海の海面を泳ぐマリンスポーツ。一方、酸素ボンベをせおい、海中にもぐるスキューバダイビングは、本来、専用の資格が必要ですが、指導者についてもらえば、体験することが可能です。

どちらも、安全第一を忘れずに、海の美しい自然を楽しみましょう。

▲シュノーケリング。

▲スキューバダイビング。シュノーケリングよりも深くもぐれる分、多くの自然を見ることができる。

浅瀬にすむ、危険な生き物に注意！

ヒョウモンダコ　ガンガゼ

めずらしい生き物に、思わずさわってみたくなるかもしれないが、中には毒をもつ危険なものもいる。生き物には気軽にさわらず、いたずらは、決してしないようにしよう。

玉泉洞 （天然記念物）

玉泉洞は、30万年という気が遠くなるような年月をかけて、少しずつできあがった鍾乳洞だ。国内で最多の100万本もの鍾乳石をもつといわれる。玉泉洞内の探検・調査がはじめて行われたのは、1967（昭和42）年のこと。現在は、全長5kmのうち、およそ890mが公開されている。

©OCVB

メモ
「鍾乳石」とは、石灰岩でできた洞窟の天井から、つららのようにたれ下がったもののこと。「カルシウム炭酸塩」という成分が、だんだんとたまって形成される。床からもり上がっているものは、「石筍」とよばれる。また、鍾乳石と石筍がつながったもののことを「石柱」という。広い意味で、石筍や石柱もふくめて鍾乳石とよぶこともある。

はじめての調査が行われた年　1967年
営業時間　9：00〜17：30　※受付は16：00まで
見学時間の目安　1時間
最寄りのバス停　玉泉洞前（琉球バス交通）

見どころウォッチング
自然がつくり出す鍾乳石には、じつにさまざまな形がある。鍾乳石の特徴に合った名前がつけられているので、チェックしてみよう。

青の泉

リムストーンダム

この写真のように、田んぼのあぜ道のような形をした鍾乳石を「リムストーンダム」という。中にたまった水が、美しい青色にライトアップされている。

絞り幕

生クリームを絞ったような形の鍾乳石が、たくさん見られる。こうした形の鍾乳石は、「カーテン」ともよばれる。

銀柱
大きな石柱。

東村ふれあいヒルギ公園

天然記念物

「ヒルギ」とはマングローブ（河口の湿地帯に生える低木の一群）を形づくる木のこと。東村にある慶佐次湾は、日本国内ではめずらしく、マングローブが生いしげる地として知られる。東村ふれあいヒルギ公園では、亜熱帯ならではの植物や生き物にふれ合うことができる。

©OCVB

上空からみた慶佐次湾。マングローブが緑のじゅうたんのように生いしげっている。

遊歩道

マングローブを両側に見ながら、歩くことのできる遊歩道。メヒルギ・オヒルギ・ヤエヤマヒルギと、3種のヒルギが育っている。

カヌーで近づき、マングローブを観察することができる。マングローブの根本には、カニなどの生き物がひそんでいる。

沖縄では、どんな植物が見られる？

沖縄では上で紹介しているヒルギのように、亜熱帯気候ならではの植物が見られます。まちを歩いていると、道ばたにこうした特徴ある植物を目にすることもしばしば。沖縄ならではの植物を覚えておくと、旅の楽しみも増えるはず！

©OCVB

リュウキュウマツ

◉沖縄県の県の木。琉球王国時代には、防風林や防砂林、防潮林として植樹されていた。

ガジュマル

「木根」を地面にたらしているのが特徴。沖縄で「神が宿る木」とされてきた。

デイゴ

◉沖縄県の花で、木の高さが10mにまで達する。幹は漆器などの材料に、花は紅型などのモチーフとしてよくえがかれる。

ハイビスカス

◉沖縄市の花でもあり、民家の生け垣などで目にすることが多い。ハイビスカスのじょうぶな枝をいかし、防風林としている場所もある。

ブーゲンビリア

◉大きな花びらのように見えるのは、「苞」といって、つぼみを包んでいた葉にあたる部分。花言葉は「情熱」。

やんばる学びの森

独自の自然が広がる、沖縄北部の山原地方。「やんばる学びの森」では、カヌーやトレッキングなどの体験を通して、貴重な自然にふれることができる。宿泊施設もあるので、じっくり楽しもう。

山歩きだけでなく、川遊びも楽しめる！

やんばるの自然を、川でも味わおう！

世界中で、ここでしか出会えない生き物がすむ森！

ノグチゲラ、ヤンバルクイナなど、沖縄の中で、ここにしかいない貴重な生き物たちが目白おし。発見できたらラッキー！

開園	2007年
営業時間	8:30〜17:30

ハブ博物公園

ハブは、沖縄に生息する毒ヘビだ。ハブ博物公園では、ハブの特性や被害状況についての展示を見学できる。ほかにも、ハブについての知識を深めることのできる、楽しいハブのショーや、予約制の特別プログラム「ハブ体験」なども用意されている。

見どころウォッチング 日本に生息する5種のハブをすべて見ることができる。そのほか、ハブの性質について展示した資料館などもある。

ホンハブ

ホンハブの中でも、からだの色のちがいによって「銀ハブ」、「金ハブ」などともよばれる。

美しい、ピンクのハブ

▲赤ハブというハブの突然変異。「さくらちゃん」と親しまれている。

開園	1971年
営業時間	9:00〜17:30
	※16:00受付終了
見学時間の目安	1時間
最寄りのバス停	玉泉洞前（琉球バス交通）

メモ
ハブは鹿児島県の奄美大島よりも南にすんでいる。強力な毒をもち、攻撃的で気があらいのが特徴。沖縄では、1年間におよそ100人が、ハブの被害にあっている。

↘ハブによる被害に長年悩まされてきた沖縄

沖縄では昔から、人がハブに噛まれるなどの被害が後をたちませんでした。1910（明治43）年、ハブの被害対策としてコブラの天敵である外来種、マングースを沖縄の森に放ち、ハブを補食させようという試みが行われます。しかし、しばらくするとマングースの出現によって森の生態系がくずれ、ヤンバルクイナをはじめとする、国指定の天然記念物の数が急激に減ってしまいました。現在は、希少野生生物保護のため、沖縄ではマングースの駆除がよびかけられています。

▶マングースはインド原産の動物。肉食。

もっと知りたい！沖縄のヒミツ！

やんばるにすむ生き物たち！

やんばるの森には、ここにしかいない貴重種がたくさん生息している。しかも、毎年のように新しい生き物が発見され、報告されているんだ。

ヤンバルクイナ 〔天然記念物〕

1981年に発見された鳥で、世界でもこの地にしかすんでいない幻の鳥。ほとんど飛ぶことができず、マングースなどにねらわれるので、国が保護に乗り出している。

ノグチゲラ 〔特別天然記念物〕

キツツキの仲間で、こちらもやんばるにしかすんでいないといわれる。沖縄の県の鳥にも指定され、国の「絶滅危惧種」にもなっている。

ホントウアカヒゲ 〔天然記念物〕

「黒いひげ」なのになぜ「アカヒゲ」かというと、なんと昔の名前「あかひけ（赤い毛）」を学者が読み違えて「アカヒゲ」としてしまったんだとか。

ヤンバルテナガコガネ 〔天然記念物〕

やんばるにすむ生き物たちの中でもとくにめずらしいといわれるコガネムシの一種。あしの長さもふくめると、大きさは13cmほど。日本最大の甲虫といわれる。

オキナワイシカワガエル

「川の石に生えたコケ」に似た鮮やかな模様から、「日本で一番美しいカエル」ともいわれる。2010年には、青いイシカワガエルが見つかったことも！

アオバラヨシノボリ

「ヨシノボリ」とはハゼの一種。産卵期のメスの腹に青い卵が透けて見えることから「アオバラヨシノボリ」とよばれるようになった。

メモ

沖縄本島は、もともと中国大陸と陸続きだったという。やがて、沖縄本島が孤島になると、島の中で生物が独自の進化をとげていった。また、やんばるは沖縄本島のほかの地方とは地質がちがうため、ここでしか育たない木々が育った。こうした自然が、やんばるに独自の生物を育んできたのだと考えられている。

リュウキュウヤマガメ 〔天然記念物〕

山や森にすむカメで、水場の近くでくらしている。昆虫だけでなく、木の葉も食べる雑食性だ。1度の産卵で1個しか卵を産まないので、環境変化に弱く、絶滅危惧種とされている。

テーマ別に見る沖縄の名所①
沖縄の自然・文化を体験しよう 文化編

中村家住宅

中村家とは、護佐丸（14ページ）に踊りやあいさつを教えたという賀氏の子孫で、とても裕福な農家だったという。今の建物は19世紀はじめに建てられた。「フール（豚小屋）」やヒンプン（顔隠し塀）など、太平洋戦争以前の沖縄住宅の特徴的な設備を備えている。また、庭には百数十種の貴重な植物が生えている。

創建　19世紀はじめ
見学できる時間　9:00～17:30
見学時間の目安　45分

※新型コロナウイルスが収束するまで、土日のみ営業。

ウフヤ（母屋）　重要文化財

屋根には魔除けの獅子、シーサーが置かれている。

ウフヤは一番座（客間）、二番座（仏間）、三番座（居間）と、大きく3つに分かれていて、畳敷きになっている。

フール（豚小屋）　重要文化財

フールは豚の飼育小屋としてだけでなく、手洗いとしても使われた。石囲いの前で人が用をたすと、排泄物が長方形の穴を通って運ばれ、豚の飼料になるしくみとなっている。トイレットペーパーとしてユーナという植物の葉を使ったので、フールの近くにはユーナの木が植えられていた。

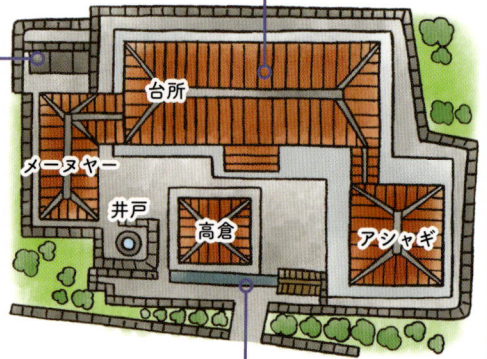

中村家住宅は、ウフヤ（母屋）、アシャギ（離れ座敷）、メーヌヤー（家畜小屋兼納屋）、高倉などがある。士族屋敷の様式に、高倉など農家の様式がまざっている。

ヒンプン（顔隠し塀）

外から母屋が見えないようにする目隠しとして建てられている。中国の「屏風門」がもとになっている。昔、沖縄では男性はヒンプンの右側から出入りし、女性は台所に近い左側から出入りするという風習があった。

© OCVB

30

沖縄の歴史、文化、自然について総合的に学ぶことのできる沖縄県立博物館・美術館

沖縄の歴史と文化を知るのに最適なのが、2007(平成19)年に完成した沖縄県立博物館・美術館です。博物館と美術館が合体したはずらしい施設で、宇宙をテーマにした展示からスタジオジブリの展示までさまざまなテーマが取り上げられています。見学するときに役立つワークシートがたくさん用意されているので、上手に活用しましょう。

▲琉球王国時代のグスクのような建物。

▲▶博物館は沖縄がさまざまな島の集まりであること、海にかこまれていることをテーマにした展示を常設で行っている。琉球王国時代の出土品(上)や中国との貿易を行った進貢船の模型、沖縄北部の森を再現したジオラマ(右)など見どころいっぱいだ。

おきなわ郷土村

本部町の海洋博公園内に、17～19世紀ごろの琉球王国の村が再現され、伝統的なくらしを知ることができる。伝統楽器である三線体験や、沖縄の「おばあ」のおもてなしを受けられる「昔のおきなわ生活体験」などさまざまな体験コーナーがある。

開園	1980年
見学できる時間	8:30～17:30(10月～2月)
	8:30～19:00(3月～9月)
見学時間の目安	1時間
最寄りのバス停	記念公園前(琉球バス交通、沖縄バス、那覇バスなど)

黒砂糖工場

黒砂糖をつくっていた黒砂糖工場。右の写真の砂糖車を馬や牛にひかせて、黒砂糖の原料となるサトウキビをしぼっていた。

琉球王国時代の集落のつくり

沖縄の集落は、「腰当ての森」という丘の中腹につくられていました。集落の一番上には本家があり、後ろに、集落の守護神を祀る「御嶽」がありました。
沖縄では貴重な湧き水や溜池は、「拝井泉」とよばれ、崇拝されています。

メモ
沖縄では、海のかなたに「ニライカナイ」という楽園があり、そこから神がやってきて福をもたらすと信じられていた。そのため、集落にも「ニライ・カナイの拝所」があった。

＊礁池(いのー)とは、サンゴ礁に囲まれた浅い海のこと。

琉球村

琉球王国時代の沖縄を楽しむことができるのが琉球村だ。国の有形文化財にも指定されている沖縄の古民家が移築されている。また、「道じゅねー」という沖縄の民謡や踊りを織りこんだパレードも人気。手びねりシーサーづくりなど体験学習も充実していて、一日楽しめる。

開園	1982年
営業時間	9：00～17：30 ※17:00受付終了
見学時間の目安	2～4時間
最寄りのバス停	琉球村（沖縄バス、琉球バス交通）

道じゅねー

琉球村では沖縄の年中行事をもりこんだ道じゅねーを1日2回見せてくれる。最後は伝統の踊り「カチャーシー」を披露。観客もいっしょに踊る。

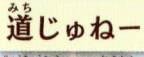

◀8月上旬の行事で、人々の幸せや豊作をもたらす神といわれる「ミルク（弥勒）神」も登場する。大きなうちわであおがれると、幸せになれるという。

正月に女性たちが馬の人形を身につけ「ゆいゆい」といいながら、練り歩く「ジュリ馬」。

古民家

旧島袋家住宅高倉

移築された沖縄の高倉。国の登録有形文化財。高倉は床を高く風通しをよくし、湿気を防いでいる。食料を貯蔵する倉は豊かさの象徴だった。

メモ

沖縄では魔除けのために屋根や門柱に、想像上の獣シーサーを置く。中国から「獅子」として伝わったが、「シーシ……シーサー」と言い方が変わっていったと考えられている。

見どころウォッチング

琉球村では、たくさんの文化体験プログラムを通して、沖縄の文化に触れることができる。予約制なので、事前にチェックして、興味のあるものに挑戦してみよう！

※人数に空きがあれば、当日の参加も可能。

紅型

ぬり絵のように決まった型に色をぬっていく沖縄独自の染め物。南国風のあざやかな色使いが人気の秘密。

手びねりシーサー

「手びねり」とはすべて手づくりということ。土をこねながらシーサーをつくる。むずかしくなく、だれでもできる。

黒砂糖づくり

サトウキビ畑

サトウキビのしぼり汁を煮つめてつくる黒砂糖づくりに挑戦できる。かおりがよく、やさしい甘みがある。

※体験プログラムは、新型コロナウイルス感染症等の状況により、変更となる場合があります。確認の上お出かけください

琉球ガラス村

沖縄の伝統工芸「琉球ガラス」づくりが体験できる。グラスやお皿、アクセサリーなど、さまざまなコースが用意されている。またガラスを溶かすときに1300度にもなる窯の見学や、ガラス職人の作業のようすを見ることもできる。

開園	1985年
営業時間	11：00～16：30
	※土日祝日は17：00まで
見学時間の目安	1時間30分
最寄りのバス停	波平入口（琉球バス交通）

琉球ガラスは、4～5人のグループで、すべて手づくりで行われる。もともと清涼飲料水やビールの瓶を材料につくられていたために、カラフルな色がついているのが特徴だ。また細かい気泡がたくさん入っていて、やわらかな印象をあたえる。

琉球ガラスづくりを体験！

職人の技を見ながら、自分だけのグラスや皿がつくれるコースや、アクセサリーや万華鏡づくりなどいろいろなコースが選べる。

さまざまな文化が混ざり合って完成した沖縄のガラス文化！

明治時代まで、沖縄のガラスはほとんどが本土から運ばれていました。しかし、船で運ぶときに割れてしまうことが多かったため、大阪や長崎のガラス職人をよびよせ、沖縄でガラスをつくるようになりました。

太平洋戦争後、アメリカ軍が沖縄にもちこんだビールやコーラの瓶を溶かし、ガラス製品をつくる技術が生まれました。これが発達し、沖縄独自の「琉球ガラス」になったのです。

独自の歴史や気候に育まれた沖縄の織物

独自の文化や歴史を育んだ沖縄。衣服に用いられていた織物も、中国をはじめ、さまざまな国と交流する「南の島」、沖縄ならではのものでした。その特徴を見てみましょう。

紅型

▶紅型の技法には、中国やインド、また京友禅の影響が見られる。士族や王族など、身分の高い人々の衣服に用いられた。右の写真は、紅型を着て、琉球舞踊を踊る女性たち。

芭蕉布

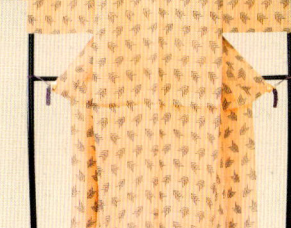

© OCVB

▶「芭蕉」という植物の繊維を使った、軽くて風通しのよい布。亜熱帯気候の沖縄によく合っており、王族から農民まで、夏の衣類に広く用いられていた。16世紀中ごろに、すでに高度な技術があったことがわかっている。

33

もっと知りたい！沖縄のヒミツ！

沖縄の行事を知ろう！

沖縄の食や文化、そして季節の行事にも琉球王国時代のおもかげがみられます。なかでも特徴的なのは、日本の古い暦「旧暦」をもとに、さまざまな行事が行われること。沖縄の三大行事といわれる行事を見てみましょう。

メモ
現在の暦は「太陽暦」だが、1872（明治5）年までは「旧暦」が使われていた。月の満ち欠けの周期にあわせた「太陰暦」を補正してつくられた「太陰太陽暦」とよばれる暦だ。

沖縄のおもな旧暦行事

旧暦1～3月

旧暦1月2～13日　生年祝い
年男・年女が、火の神や仏壇に安全祈願する。

旧暦3月3日　浜下り
女の節句で、女性が手足を海水で清め潮干狩りを楽しむ。

旧暦4～6月

旧暦5月4日　四日の日
豊漁と海の安全を祈願するため、爬龍船競争「ハーリー」が行われる。

旧暦7～9月

旧暦8月10日ごろ　八月かしちー
あずきの入ったおこわ（かしちー）を仏壇に供える。

旧暦9月7日　風車祭
数え年97歳の祝い。この年齢になると童心にかえるとされ、盛大に祝う。

旧暦10～12月

旧暦11月中旬　冬至
沖縄では冬至雑炊を火の神や仏壇に供える。

旧暦12月8日　鬼餅
月桃の葉にもちを包んでむした鬼餅を火の神や仏壇に供え、家族の健康を願う。

▲鬼餅。

旧正月

◀旧正月など、祝いの席でよく出される中身汁。

▲旧正月に各家庭でつくられていた菓子「ナントゥー」。

旧暦の1月1日
（新暦の1月下旬～2月下旬）

旧暦の年末になると、正月料理の食材やお供え飾りが店頭にならびます。神仏に正月飾りを供え、家族の健康と繁栄を願います。糸満市など漁業のさかんな地域では、旧正月の早朝、縁起物の大漁旗がなびきます。太平洋戦争後の日本本土復帰前「新正月一本化」が推奨され、新暦で正月を祝う家が増えましたが、新暦・旧暦、両方の正月を祝う家もあります。

火の神

チャーギなどの常緑樹
線香立て
塩
酒（さき）
水（みずとぅ）

◀琉球王国の時代から親しまれてきた、台所に祀られている家庭の護り神。旧暦1月1日の朝には、元旦にくむ最初の水、「若水」を火の神に捧げることからはじまる。

十六日祭

旧暦1月16日は、あの世の正月。仏前にごちそうを供えたり、あの世で使うお金「打ち紙」を焚いたりして祖先を供養する。沖縄本島の北部や、宮古、八重山でさかんに行われる行事。新暦の正月、旧暦の正月、旧暦の1月16日と、沖縄では、地域によって、3回正月を祝う場所もある。

清明祭（シーミー）

旧暦の3月（新暦の4月5日〜）

お盆、正月とならぶ沖縄の三大行事の1つで、中国の清明節（チンミンジェー）に影響を受けた、祖先を供養する行事です。18世紀中ごろに伝来しました。那覇市首里のあたりでは御清明（ウシミー）ともよばれています。

父系の祖先の墓に、一族がそろって出向き、各家庭から持ちよったごちそうや花、酒を供えます。その後、広い墓の前で、みんなでにぎやかに、供えたごちそうを食べます。

メモ
よく見られるのは、丘をほりこんでつくられた亀甲墓（きっこうばか）で、屋根や墓室がある。まるで家のように広い。ほかに破風墓、掘込墓（フィンチャー）など形はさまざまだ。

旧盆（きゅうぼん）

旧暦の7月13〜15日（新暦の8月上旬〜9月上旬）

沖縄のお盆は、旧暦の7月13〜15日に行われます。13日は「お迎え（うんけー）」といい祖先の霊を迎えます。最終日の15日の深夜には、祖先をあの世にお送りする「お送り（うーくい）」が行われます。ともに仏壇の前にお供えものをして、祈ります。

旧盆の間、各地で伝統芸能がもよおされます。エイサーは、太鼓や歌、囃子などに合わせて、祈願と演舞をくりかえしながら地域を練り歩く、有名な伝統芸能です。

エイサー

➡ 41ページも見よう

エイサーは各地域の青年会が、隊列を組みながらそれぞれの型で踊る。6〜9月は、イベントなどでも踊られるので、旧盆の時期でなくても見ることができる。

沖縄の行事に欠かせない供え物

地域に伝わる年中行事だけでなく、家内安全や子孫繁栄など家族単位でも年中行事が行われています。それぞれの行事で供え物をして、祈り願うのです。

右に紹介した御三味（うさんみ）は、祝い事にも法事にも用意されます。祝い事の際、かまぼこの色は赤ですが、法事のときは白にするなど、細かくルールが決まっています。

御三味（写真右）は、旧盆や清明祭などの行事や法事に欠かせない重箱料理。餅重（写真左）を対で用意する。

打ち紙は、あの世で使うお金とされ、旧盆や清明祭のときに燃やしてあの世に持たせる。

35

沖縄のグルメ

ランチにおすすめ！

ソーキそば

沖縄そば

「うちなーすば」を味わおう！

沖縄のそばは小麦粉からつくられており、「うちなーすば」「そば」などとよばれる。ソーキそばと沖縄そばのちがいは、のっている豚肉の種類。ソーキそばの「ソーキ」とは、「豚の軟骨」をさすもので、ソーキそばには骨つき肉がのっている。一方の沖縄そばには、「三枚肉」とよばれる豚の皮つきのばら肉がのっている。かつおだしをベースにしたスープも味の決め手だ。

いろいろな食材を一度に味わえる！「チャンプルー」料理

「チャンプルー」とは、沖縄の言葉で「混ぜ合わせた」という意味で、野菜やとうふなどをいためた料理のこともさす。ゴーヤーととうふ、卵をいためた「ゴーヤーチャンプルー」をはじめ、沖縄特有の車麩を使った「フーチャンプルー」、そうめんをいためた「ソーミンチャンプルー」がその代表だ。沖縄の食堂などで味わうことができるので、ぜひ食べてみよう。

ゴーヤーチャンプルー

ゴーヤー

ソーミンチャンプルー

フーチャンプルー

◀沖縄の「車麩」。1本30cmほどの大きさで歯ごたえがあるのが特徴。

沖縄ならでは！豚料理いろいろ

捨てるところがないほど、豚を使った料理がたくさんある沖縄。その中でも知られているのが豚の耳を使った「ミミガー」、あしをつかった「テビチ」、三枚肉をあまからく煮こんだ「ラフテー」など。沖縄ならではの味を体験してみよう。

ミミガー

ラフテー

テビチ

独自の文化を育ててきた沖縄では、はじめて味わう食べ物にたくさん出あうことができます。どんな食べ物があるのか、見てみましょう！

沖縄料理に欠かせないとうふ

島どうふ

ジーマーミどうふ

チャンプルーや汁物に入れたりと、沖縄の料理に欠かせないのがとうふ。沖縄でつくられる島どうふは、本土のものに比べて水分が少なく、弾力があるのが特徴。ほかに、ピーナッツやいもくずでつくる「ジーマーミどうふ」もある。

本土とは一味ちがう！沖縄の野菜料理

ナーベーラーンブシー

ニンジンシリシリー

ナーベーラー（ヘチマ）

ゴーヤーとならび、沖縄の夏に欠かせない野菜がナーベーラー。ナーベーラーンブシーは、みそ煮にしたもの。また、ニンジンシリシリーは、ニンジンを専用のおろし金で「しりしりー」とおろし、いためた料理。

亜熱帯の地ならではの海の幸も味わおう！

グルクン

海ぶどう

グルクンは、沖縄からインド洋にかけて分布する。1年中水あげされ、沖縄の食卓によくならぶ魚だ。焼き魚、からあげなどにして食べることが多い。

イラブー汁

イラブー（エラブウミヘビ）

イラブー汁は、ウミヘビの一種、エラブウミヘビを吸い物にした料理。昔は宮廷料理で、身分の高い者しか味わえなかったという。旅先で、その味を体験してみるのも、よい思い出になるかも!?

プチプチとした食感が特徴の海ぶどうは、沖縄で育つ海藻の一種。サラダにのせて食べたり、そのまましょうゆなどつけて食べたりしてもおいしい。

🍴 沖縄の食文化に興味しんしん！「牧志公設市場」

那覇市内の繁華街「国際通り」のすぐそばにある牧志公設市場は、沖縄近海でとれる海の幸や豚、県産牛、新鮮な果物など、沖縄のあらゆる食材がそろう那覇市民の台所です。国内外の観光客から人気を集めるスポットでもあります。
　1階は市場、2階は食堂街というつくりになっており、沖縄の名物を味わうこともできます。

▲さまざまな店のショーケースがならぶ。商品がぎっしり。

▲豚のあしや耳も食材としてならぶ、沖縄ならではの風景。

▲店頭にならぶ、色とりどりの魚。

アメリカの文化がとけこんだグルメ！

アメリカ軍基地が置かれる沖縄では、アメリカの食文化を取りこんだグルメもたくさん。どのようなものがあるのでしょうか？

タコライス

ポーク卵

▲ポーク卵おにぎり

アメリカでは「Tex-Mex料理」という、メキシコ料理をアメリカ風にアレンジした料理が人気だが、タコスもその1つとして沖縄へもちこまれた。タコライスは、タコスの具のひき肉やトマト、チーズなどをごはんにのせたものだ。スパイシーな味つけで、暑い日にもどんどん食べられる一品。

沖縄にすっかり定着している食材「ポークランチョンミート」（豚肉のかんづめ）もアメリカからもちこまれたもの。卵といっしょにいためた「ポーク卵」は沖縄で定番のおかず。ポーク卵をおにぎりにした「ポーク卵おにぎり」も人気。

ステーキ

ブルーシールアイスクリーム

沖縄には、多くのステーキハウスがならぶ。これも、太平洋戦争後、多くのアメリカ人が住んでいたことから生まれた文化だ。アツアツ、ジューシーでボリューム満点のステーキを食べれば、旅のつかれもふっとびそう!?

1948年に創業した「ブルーシールアイスクリーム」は、那覇市の国際通りをはじめ、各地に店を出すチェーン店。アメリカから伝わった製法をもとに、沖縄の気候や風土に合ったアイスクリームを生み出した。紅イモやサトウキビなど、沖縄ならではの材料をつかったアイスクリームもある。

アメリカの文化を沖縄で楽しむ！「美浜アメリカンビレッジ」

中頭郡北谷町にある「美浜アメリカンビレッジ」は、アメリカ軍基地として使用されていた跡地に建設された都市型リゾート。映画館やレストラン店などが集まる場所です。

沖縄の住民はもちろんのこと、アメリカ軍関係者をはじめ、外国人の家族づれが多数訪れるため、沖縄にいながらにして、まるでアメリカにいるような気分を味わうことができます。沖縄ならではの「チャンプルー（混ざり合った）文化」が根付く場所なのです。

©OCVB

沖縄のお菓子

琉球王国の時代、沖縄には中国からさまざまなお菓子の製法がもちこまれました。現在も、そのおもかげを残す、伝統的なお菓子があります。

ちんすこう

小麦粉、砂糖、豚の油・ラードを混ぜ合わせて焼いたもの。琉球王国の時代には、王族や貴族しか口にできない貴重なお菓子だった。

サーターアンダギー

ドーナツのような味わいのお菓子で、「サーター」は砂糖、「アンダギー」は油であげた、という意味だという。中国に「開口笑」というよく似たお菓子があるため、中国から伝わったのではないかといわれている。

のまんじゅう ①

名前の通り、「の」と書かれたまんじゅう。この「の」は祝いの品などにかける「のし」の「の」で、めでたい意味のあるもの。また、「の」の文字は、店でまんじゅうを買うとき、その場で書いてもらえる。

ポーポー

水でといた小麦粉をうすく丸く焼き、中に「アンダンスー」という、沖縄特有の油みそを巻いたお菓子。いわば沖縄風「クレープ」だ。アンダンスーは、豚の三枚肉を細かくきざみ、みそいためにして砂糖で味をつけた調味料。

アンダンスー（油みそ）

タンナファクルー

黒砂糖、小麦粉、卵を混ぜてつくった、素朴な味わいのお菓子。コンビニエンスストアなどでも販売されているので、気軽に味わうことができる。

沖縄のお菓子づくりに欠かせない！ 黒糖

黒糖（黒砂糖）とはサトウキビのしぼり汁を煮立てて濃縮し、加工せずに冷やしたもののこと。このページで紹介しているタンナファクルーにも用いられている。

のまんじゅう　ぎぼまんじゅう ①
営業時間　9:00〜売り切れ次第閉店
定休日　日曜日　☎ 098-884-1764

沖縄の小物

沖縄の伝統工芸をいかしたものや、アイデアがつまったもの。どれもおみやげにぴったりです！

沖縄の護り神！シーサーグッズいろいろ

ストラップ

置き物

護り神として、沖縄の民家などにも見られるシーサー。大きな口で笑うシーサーは、身につけているだけで元気になれそうだ。

おみやげにぴったりの美しい琉球ガラス

©OCVB

太平洋戦争後の沖縄で技術が発達した琉球ガラス（33ページ）。グラスをはじめ、はし置きやカップなど、さまざまなグッズがそろう。おみやげに喜ばれそうな一品だ。

©OCVB

紅型が巾着などの小物に！

沖縄の伝統工芸、紅型（33ページ）も、巾着などの小物なら、気軽に使えそう。ほかにもポーチやミニバッグなど、さまざまな形にアレンジされているので、チェックしてみよう。おみやげ品には、伝統的な手染めのものと、プリントタイプのものがある。

沖縄ならではの調味料

沖縄で育つ島とうがらしを、沖縄の蒸留酒「泡盛」につけたもの。ソーキそばなどにかけるため、沖縄の食堂でよく見かける調味料だ。かなり辛いので、注意が必要だが、沖縄ならではの調味料として、おみやげにぴったり。

沖縄通になれる!?楽しいトランプ

沖縄の方言や豆知識が書かれたトランプ。遊びながら、楽しく雑学を身につけることができる。旅行中、沖縄をもっと知りたくなった人は、ぜひ手に入れたいトランプだ。

40

沖縄マメじてん

旅行をするとき、知っておくと楽しみがふえる豆知識を紹介します！

あ

【石敢當】

沖縄では、多くのT字路のつきあたりに、「石敢當」と書かれた石柱が立てられている。これは、魔除けの意味があるもので、15世紀半ばごろに中国から沖縄へ伝わったといわれる。生活をおびやかす「魔物」は曲がるのが下手で、T字路を曲がるとき、石敢當に激突してくだけ散ってしまうといわれる。

石敢當は、16世紀に本土にも広まったが、現在はおもに沖縄と九州の一部の地域に残っている。

▶石敢當とともに護り神のシーサーが置かれているT字路。

【沖縄学の父】

「沖縄学」という分野を生み出した、伊波普猷（1876～1947年）のこと。

普猷が3歳のとき、400年近く続いた琉球王国がなくなり、琉球は沖縄県となった。それにともない、沖縄では言語、服装、生活習慣を本土と同じようにしようとする動きがあり、沖縄独自の文化が失われようとしていた。そんなようすを憂えた普猷は、沖縄の言語を中心に、歴史、民族、文学を研究し、1911（明治44）年に『古琉球』という本を出版した。沖縄の県民に沖縄独自の文化や歴史が広く知れわたることとなり、勇気をあたえた。

【音楽】

昔から、沖縄の人々は、生活の中のできごとなどを詩にして表現してきた。14世紀後半から15世紀初頭に中国から楽器「三線」が伝わると、三線の伴奏に詩をのせて歌うようになり、8・8・8・6音の「琉歌」が生まれた。このときにできた「琉球音階」は、ド・ミ・ファ・ソ・シ・ドと、西洋音楽の音階から、レとラをのぞいた、特徴あるものだった。

【オモロ】

「オモロ」とは、「思い」と同じ語源の言葉で、「神の歌」という意味をもつ、古琉球の人々の祈りや気持ちを表した歌。信仰、国王をたたえるもの、うたげや航海、生活のようすなどさまざまな事柄を、おおらかに表現している。琉球王国の王府がこれらを集めた歌謡集『おもろさうし』（全22巻1554首）を作った。『おもろさうし』は1973（昭和48）年、国の重要文化財に指定された。

か

【楽器】

「三線」は、祭りや宴会の席でよく登場する楽器で、沖縄では一家に一丁はあるといわれるほど、生活に密着している。また、3枚のかたい板をひもでくくった「三板」は、三線に合わせてよく演奏され、カスタネットやタンバリンのように使う。独特のリズムを生み出し、演奏を盛り上げる楽器だ。また、沖縄の旧盆に行われる念仏踊り「エイサー」に欠かせないのが「大太鼓」、「締太鼓」だ。人々は三線の音に合わせて太鼓を打ち鳴らしながら、踊ったり、まちを練り歩いたりする。

◀三板。

◀三線。ニシキヘビの皮が張られている。

▲左が大太鼓、右が締太鼓。

沖縄マメじてん

【嘉手納飛行場】

沖縄には、アメリカ軍基地が数多くある。基地内の見学は、申し込みをして、許可が出れば可能だ。しかし、敷地内に入らずに、基地の広さや、訓練中の飛行機の発着を見学できる場所もある。その1つが嘉手納飛行場だ。そばにある「道の駅かでな」では、基地のようすを一望できるだけでなく、沖縄の物産の販売や、嘉手納飛行場についての学習展示室がある。

▲嘉手納飛行場に着陸する軍用機。

さ

【冊封使船】

琉球王国だったころの沖縄は、中国と「冊封」という貿易関係を結んでいた（9ページ）。琉球王国に新しい代の国王が立つときには、中国から「冊封使」という使者がやって来たが、中国から琉球への船旅は、命がけの危険なものだったようだ。冊封使が乗りこむ冊封使船には、琉球以外の島に流れついたとき、その地で暮らしていけるよう、鋤や鍬などの農耕具も積みこまれていたという。

【砂糖】

沖縄では、17世紀のはじめに儀間真常（1557〜1644年）がサトウキビから砂糖をつくる方法を中国から伝え、砂糖の製造が行われるようになった。当時、大変貴重だった砂糖は、琉球王国に大きな利益をもたらした。

明治時代に沖縄県となった後も、砂糖の製造は沖縄の経済を支える一大産業だった。1914〜1918（大正3〜7）年の第一次世界大戦では、参戦国の砂糖製造が大きな打撃を受けたことで、沖縄から輸出される砂糖の量が増え、値段も大はばに上がった。このため「砂糖成金」とよばれるサトウキビ農家や商人も現れるほどだった。しかし、ヨーロッパの経済が復興すると、好景気は終わりを迎えてしまう。関東大震災や世界恐慌も起こり、沖縄の経済は衰退し、多くの農民が生活苦にあえぐ事態となった。

な

【のろ（祝女）】

琉球王国時代の村の集落（31ページ）には、神聖な場所、御嶽が設けられている。この場で祭祀を行ったのが、女性神職者の「のろ」だ。

のろは、琉球王国から任命を受ける公職で、国の女性神官の中で最高の位をもつ「聞得大君」（13ページ）の管理下に置かれていた。また、のろには「のろ地」という領地もあたえられていたという。

琉球王国が薩摩藩から支配を受けるようになると、のろは琉球王国から任命されるものではなくなったが、多くの村で、根強く息づいた習慣として、その制度は受けつがれていったという。

は

【ファストフードレストラン】

本土にケンタッキーフライドチキン（1970年）やマクドナルド（1971年）が進出するよりもずっと早い1963（昭和38）年、沖縄県に、アメリカの「A&W」というファストフードレストランが開店した。まだ沖縄県がアメリカ統治下にあった時代だ。その後、A&Wは全国に出店したが、現在は沖縄県にしかない（2022年4月現在。アメリカ軍基地内をのぞく）。ルートビアという、A&Wオリジナルの炭酸飲料ドリンクが人気。

◀14種類以上の薬草からつくられた、ルートビア。

【ペリー来航】

1853年、アメリカは日本の開国を求めて、東インド艦隊司令長官・ペリーを派遣した。はじめにペリーは沖縄に来航し、現在の那覇市にやって来ている。日本に向かう前に、燃料や食料などを補給しようとしたためだった。当時、沖縄は琉球王国として独立していたものの、日本の支配下にあったため、アメリカは、日本との交渉に失敗した場合、琉球王国を占領する計画だったという。

通商を求めるアメリカに対し琉球王国はこれを断り、早

く立ち去らせようと、架空の役人をしたてあげてなかなか返事ができない状態をつくった。しかし、江戸幕府が開国したこともあり、1854年に不平等な「琉米修好条約」を結ぶこととなった。

◉中城城へやって来た、ペリー艦隊の一行。一行は琉球王国に滞在した後、浦賀（神奈川県）へ向かった。

【方言】

独自の文化を生み出してきた沖縄の言葉は「沖縄口」とよばれ、その響きは大変特徴的なものだ。

沖縄口と本土の言葉との大きなちがいは、母音がア・イ・ウの3つしかないこと。エはイに、オはウに置きかわる。例えば「雨」は「アミ」、「手」は「ティ」、「心」は「ククル」と発音する。また、「いも」を「ンム」というように「ン」ではじまる言葉があることも特徴の1つだ。

また、沖縄口は、沖縄の近代化のなかで失われそうになった時代もあった。1937（昭和12）年、日中戦争の開始にともない「沖縄県」となってまだ50年ほどだった沖縄の人々の間に「日本人である」という意識を高めようと「標準語励行運動」が行われたのだ。しかし、この運動は行き過ぎだという批判の声もあがり、県内外で論争をまきおこした。

現在では、沖縄文化の豊さを再認識する動きも広まっている。

チューウガナビラ こんにちは	ワラビ 子ども
ハイサイ（女性はハイタイ） やあ、などの軽いあいさつ	ティーダ 太陽
グブリーサビラ 失礼します	カナサン 愛しい
ニヘーデービル ありがとうございます	チュラサン 美しい
チバリヨー がんばれ	ウヤックヮ 親子
ガチマヤー くいしんぼう	ヤーニンジュ 家族
クヮッチーサビラ いただきます	チョーデー 兄弟
ウンジュ あなた	ウヤファーフジ 祖先

ま

【港川人の発見】

港川人は1万8000年前の人類で、1967（昭和42）年に沖縄県具志頭村（今の八重瀬町）で、実業家の大山盛保が発見した。1970年から本格的な調査が開始され、標高20メートルの石灰岩台地の割れ目から、化石になった数体の人骨が発見された。

港川人は現在、日本人の祖先として有力な一系統とされている。港川人が本土にわたり、やがて縄文人になったという説があるが、縄文人との共通点が少ないという研究者もいる。また、インドネシアのワジャク人にも似ていることから、東南アジアからわたってきたのかもしれないという説もある。港川人の身長は150センチメートル前後で、狩猟採集の生活をしていたと考えられている。

や

【与那国島の海底遺跡】

1980年代に、日本最西端の島、与那国島の南海岸沖で、ダイバーによって海底に城門や階段のような巨大な石が発見された。石の側面があまりに平らなため、人工的につくられた「海底遺跡」ではないかといわれた。しかし一方で、石に加工した跡がみとめられないことや、周辺地域に同じような石を使った文化がないので、自然に形づくられたものではないかとする意見もあがっている。

ら

【琉球と沖縄】

「琉球」とは中国の古い史料にある表記だ。「沖縄」は、古くから沖縄で、沖縄島をさす言葉として使っていた「ウチナー」に由来する。江戸時代の学者、新井白石が『南島志』で「沖縄」の漢字をあててから定着したという。

1879年の廃藩置県によって「沖縄県」が生まれた。しかし太平洋戦争後、アメリカの支配下にあった沖縄に設置された中央政府の名称は「琉球政府」だった。このころは、「琉球大学」、「琉球銀行」など、名称に「琉球」とつける機関も多かった。

「琉球」と「沖縄」の名称には、沖縄が時代によって置かれてきた状況が映し出されている。

名所さくいん

この本に出てくる名所を集めました。数字は、名所についての説明がのっているページです。

あ
糸数アブチラガマ …………………… 16、21
浦添城跡 …………………………………… 6
うるま市立石川歴史民俗資料館 …………… 16
大度海岸（ジョン万ビーチ）………… 22、25
おきなわ郷土村 ……………………… 23、31
沖縄県立博物館・美術館 ………………… 31
沖縄戦跡国定公園 ………………………… 16
沖縄美ら海水族館 …………………… 22、24
おきなわワールド ………………………… 23

か
海洋博公園 ………………………………… 22
勝連城跡 ……………………………… 8、15
旧海軍司令部壕 ……………………… 16、20
玉泉洞 ………………………………… 23、26
慶良間諸島 …………………………… 4、17
国立沖縄戦没者墓苑 ……………………… 19

さ
座喜味城跡 …………………………… 8、14
識名園 ………………………………… 8、13
首里城跡 ………………………… 6、8、9、10
斎場御嶽 ……………………………… 8、13
園比屋武御嶽石門 …………………… 8、12

た
大石林山 …………………………………… 23
玉陵 …………………………………… 8、12

な
中城城跡 ……………………………… 8、15
中村家住宅 …………………………… 22、30
今帰仁城跡 …………………………… 8、14
那覇市立壺屋焼物博物館 ………………… 22
波上宮 ……………………………………… 8

は
ハブ博物公園 ………………………… 23、28
東村ふれあいヒルギ公園 …………… 23、27
ひめゆりの塔 ………………………… 16、21
平和祈念公園・平和祈念資料館 … 16、18、19
平和の礎 …………………………………… 18
平和の丘 …………………………………… 18
平和の塔 …………………………………… 16

ま
真栄田岬 …………………………………… 22
牧志公設市場 ……………………………… 37
摩文仁の丘 ………………………………… 18
美浜アメリカンビレッジ ………………… 38
もとぶ元気村 ……………………………… 23

や
やちむんの里 ……………………………… 22
やんばる学びの森 …………………… 23、28
与那国島 …………………………………… 4

ら
琉球ガラス村 ………………………… 22、33
琉球村 ………………………………… 22、32

監修　上原 靜（うえはらしずか）

沖縄国際大学教授。専門は沖縄考古学。沖縄国際大学大学院を修了後、沖縄において数々の遺跡調査や文化財整備事業に携わる。古瓦の研究を中心に、沖縄の歴史・文化の解明に取り組む。著書に『琉球古瓦の研究』（榕樹書林）。

本文イラスト	メイヴ
地図制作	齋藤直己・鈴木将平（マップデザイン研究室）
装丁デザイン	倉科明敏・林 淳介（T.デザイン室）
企画・編集	渡部のリ子・山崎理恵・西塔香絵（小峰書店） 中根会美（オフィス303）
本文デザイン	淺田有季（オフィス303）
文	峯智

取材・写真協力

糸満市観光協会／おきなわカエル商会／沖縄観光コンベンションビューロー／沖縄県／沖縄県立博物館・美術館／沖縄美ら島財団／おきなわワールド／株式会社お菓子のポルシェ／株式会社まえだ／国頭村環境教育センター／国立歴史民俗博物館／John Matsumoto／スタジオシー・ブリーズ／壺屋陶器組合／DEE okinawa／中城城跡／南城市／南都物産株式会社／波上宮／ピーアンドエー株式会社／photolibrary／有限会社医学写真研究所／有限会社まあさんど／琉球ガラス工芸協業組合／琉球村

事前学習に役立つ　みんなの修学旅行　沖縄

2014年4月14日　第1刷発行　　2022年5月30日　第3刷発行

監修者　上原 靜
発行者　小峰広一郎
発行所　株式会社小峰書店
　　　　〒162-0066 東京都新宿区市谷台町4-15
　　　　TEL 03-3357-3521　FAX 03-3357-1027
　　　　https://www.komineshoten.co.jp/
印刷・製本　図書印刷株式会社

© Shizuka Uehara 2014 Printed in Japan
NDC 374　44p　27×19cm　ISBN978-4-338-28406-6
乱丁・落丁本はお取り替えいたします。

本書のコピー、スキャン、デジタル化等の無断複製は著作権法上での例外を除き禁じられています。本書を代行業者等の第三者に依頼してスキャンやデジタル化することは、たとえ個人や家庭内での利用であっても一切認められておりません。

各地の名物料理

その土地の名産物を使った名物の数々。旅行先で、ぜひ味わってみましょう！

奈良 — 柿の葉で包んだ、柿の葉寿司

福岡 — とんこつスープが決め手の博多ラーメン

沖縄 — 豚のあばら肉を使ったソーキそば

長崎 — 海鮮や肉、野菜がたっぷりのちゃんぽん

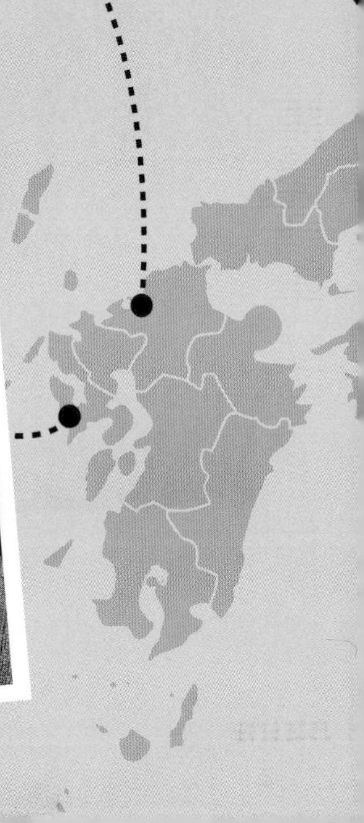